U0940595

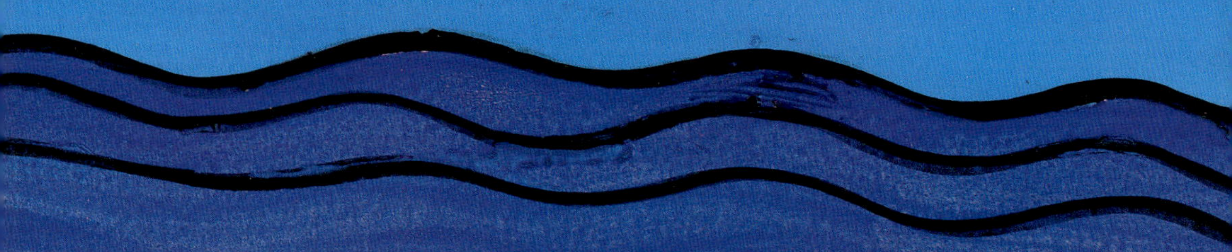

献给

玛丽、保罗和利奥

哈！

永远 永远 不要搞错！

[法] 埃尔维·杜莱◎著

青豆童书馆 陈小齐◎译

重庆出版集团 重庆出版社

远不要搞错

绿 灯

永远永远不要搞错
藏起来

和

找到

永远永远不要搞错

和

永远永远不要搞错

数字

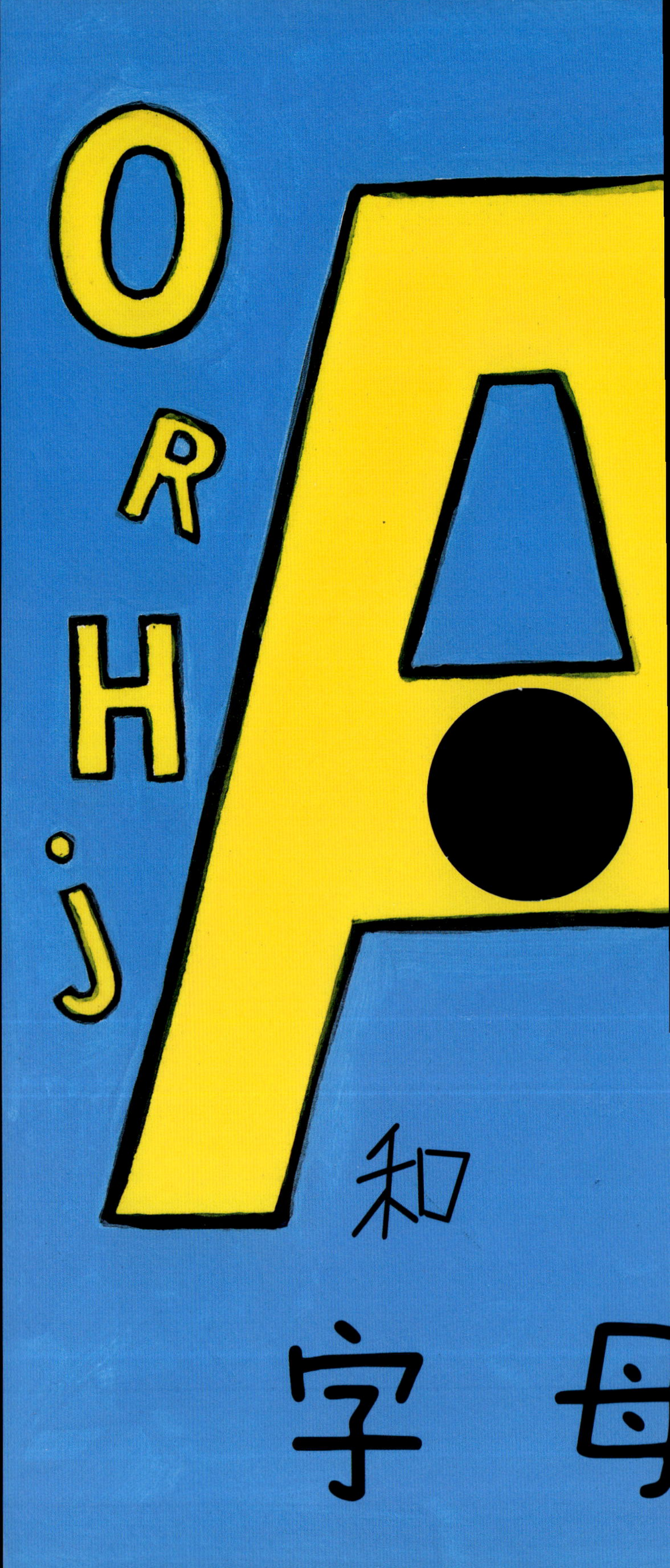
O
R
H
j
A
和
字母

B M W
V
Q
T G N L
Z
X
S U Y
P

永远永远不要搞错

局部

和

整体

永 远 永 远 不 要 搞 错

云

和
烟

永远永远不要搞错

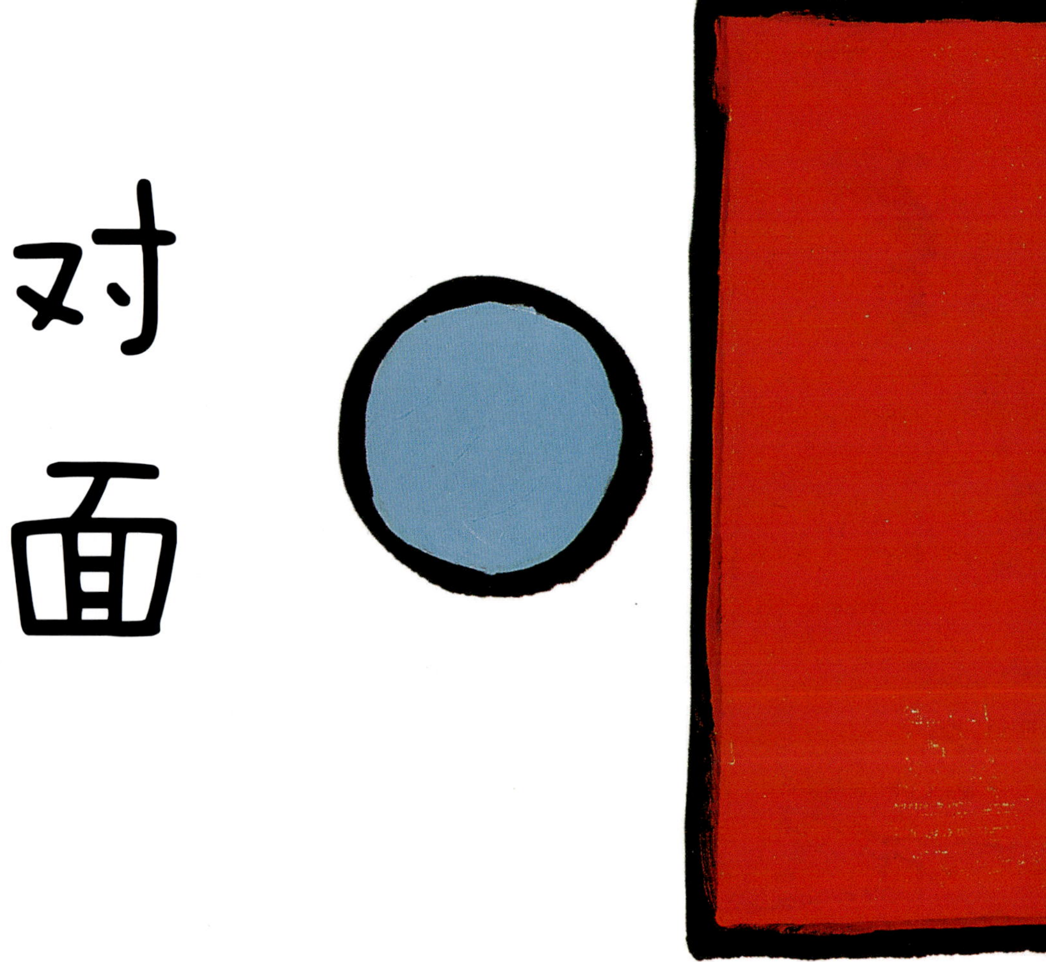

和

邻

橙子

和
柠檬

永 远 永 远 不 要 搞 错

开 始

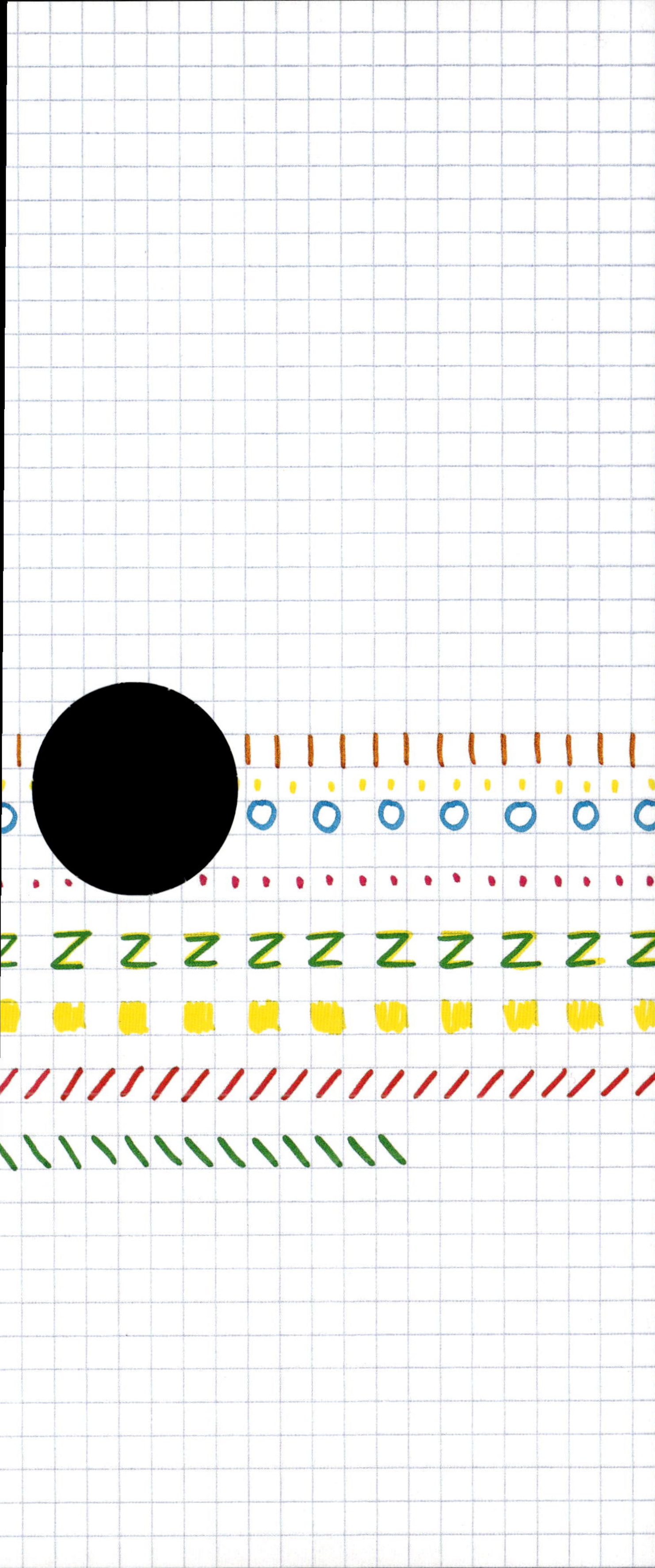

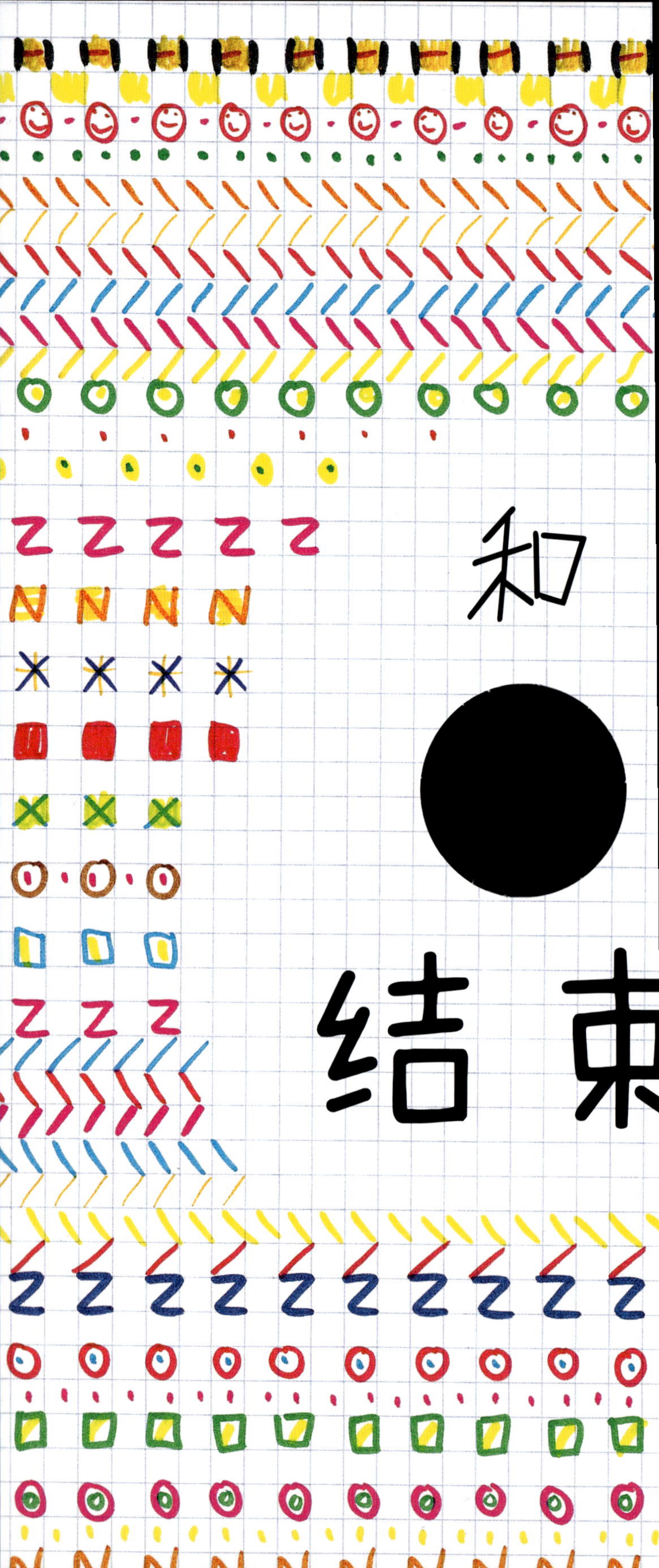
和
结

永 远 永 远 不 要 搞 错

柔 软

和

札

永远永远不要搞错

和
出口

远不要搞错

和
笑不出

永远永远不要搞错
富有

和
贫穷

永远永远不要搞错

简单

复

永远永远不要搞错

城市

和乡

永远永远不要搞错

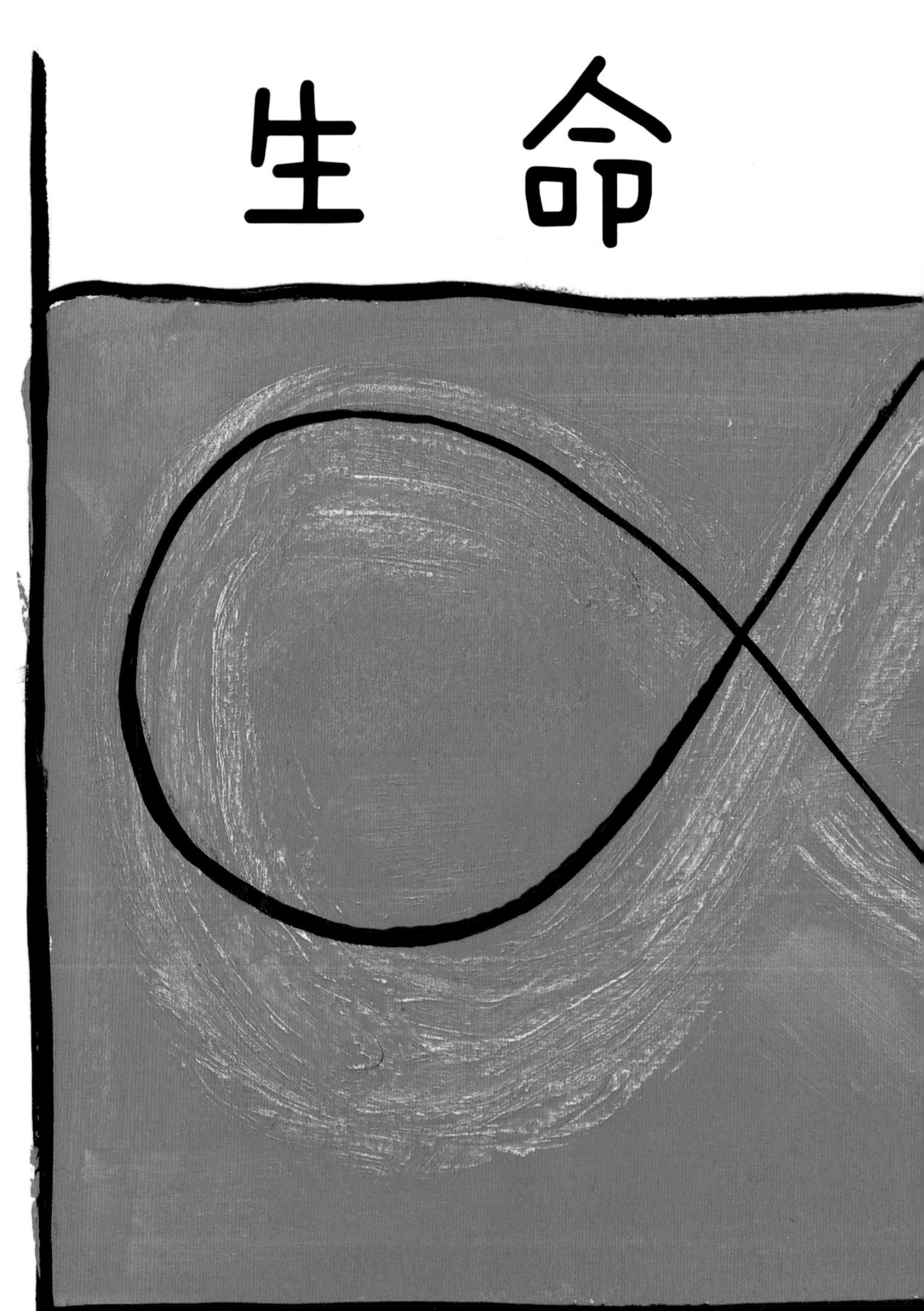

和　死

永 远 永 远 不 要 搞 错

倒

和

永远永远不要搞错
加

和
减

永远永远不要搞错

短

和 长

永远永远不要搞错

和

照片

永 远 永 远 不 要 搞 错

正 确

和
错误

永远永远
直

和
平 躺

永远不要搞错

前面

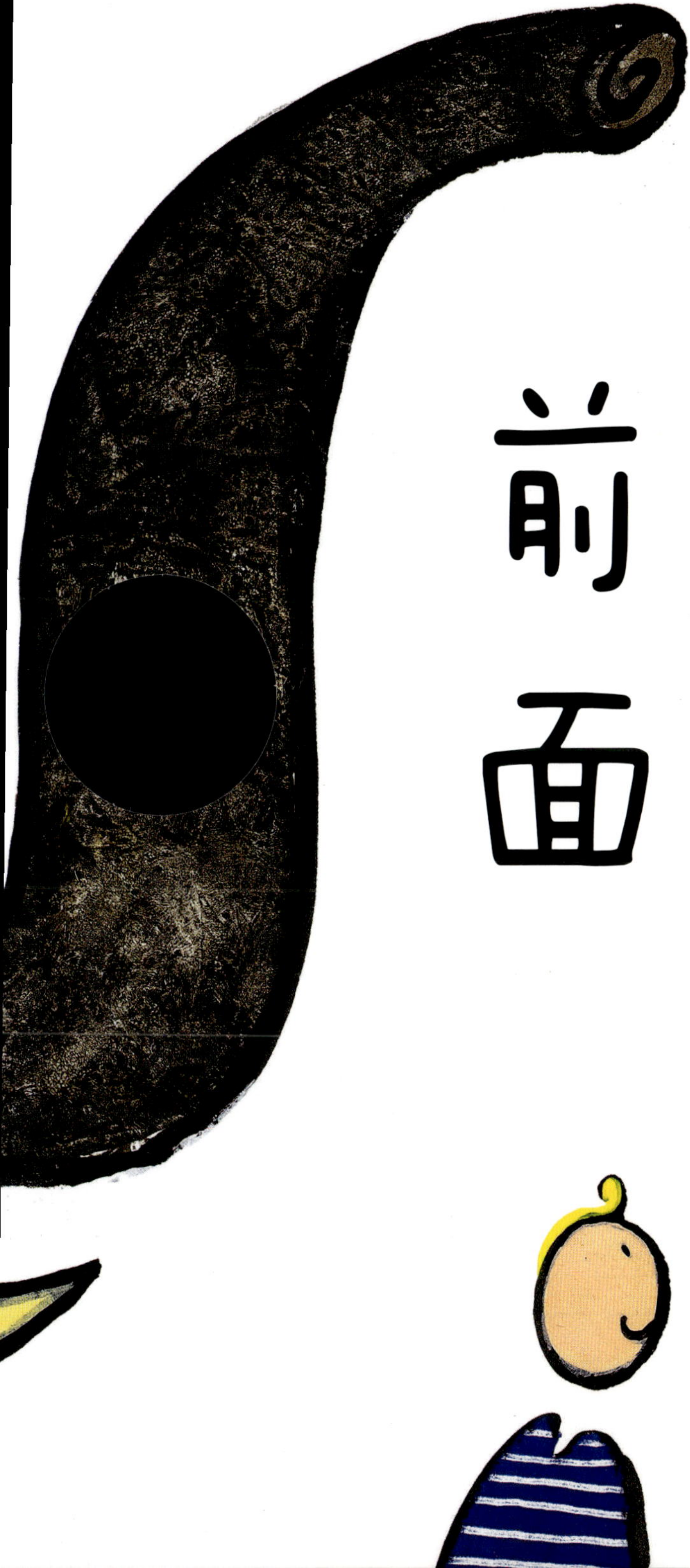

和
后面

永远永远不要搞错

过去

和

未来

永远永远不要搞错

人

和

永远永远不要搞错

平衡

和

失

永远永远不要搞错

夏天

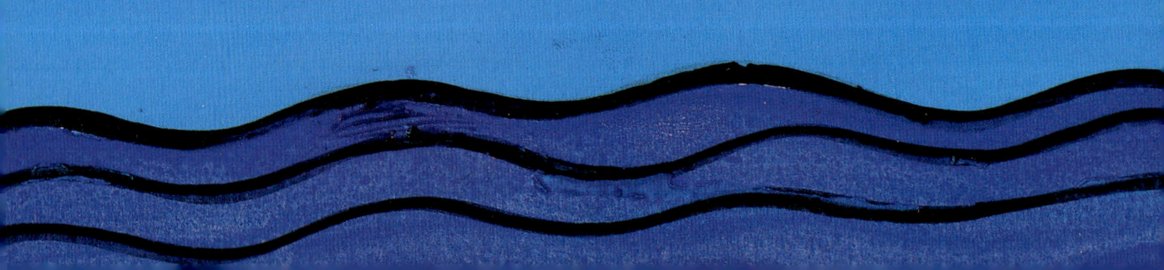

和
冬

永远永远不要搞错

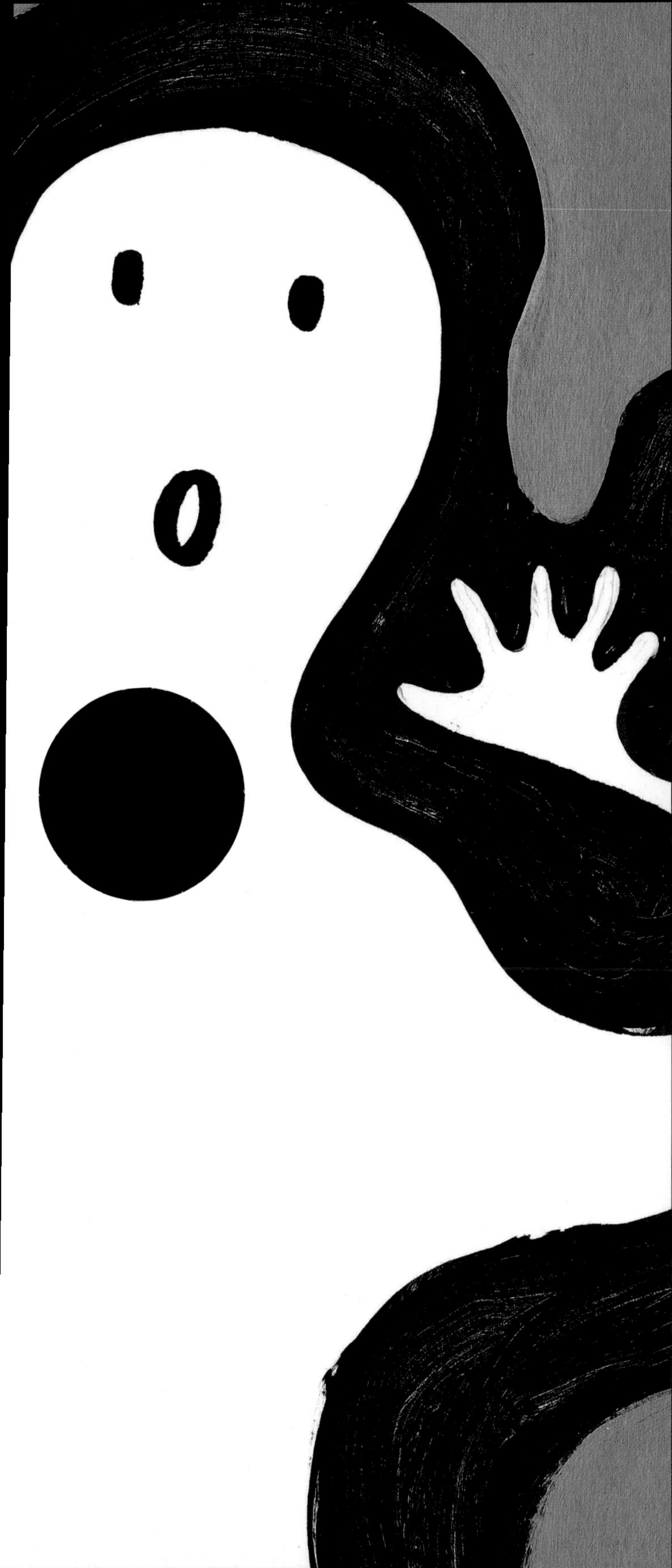

和
不害怕

永远永远不要搞错

鸡蛋

和

母

永远永远不要搞错

和

小 偷

永远永远不要搞错

爱托

和
打闹

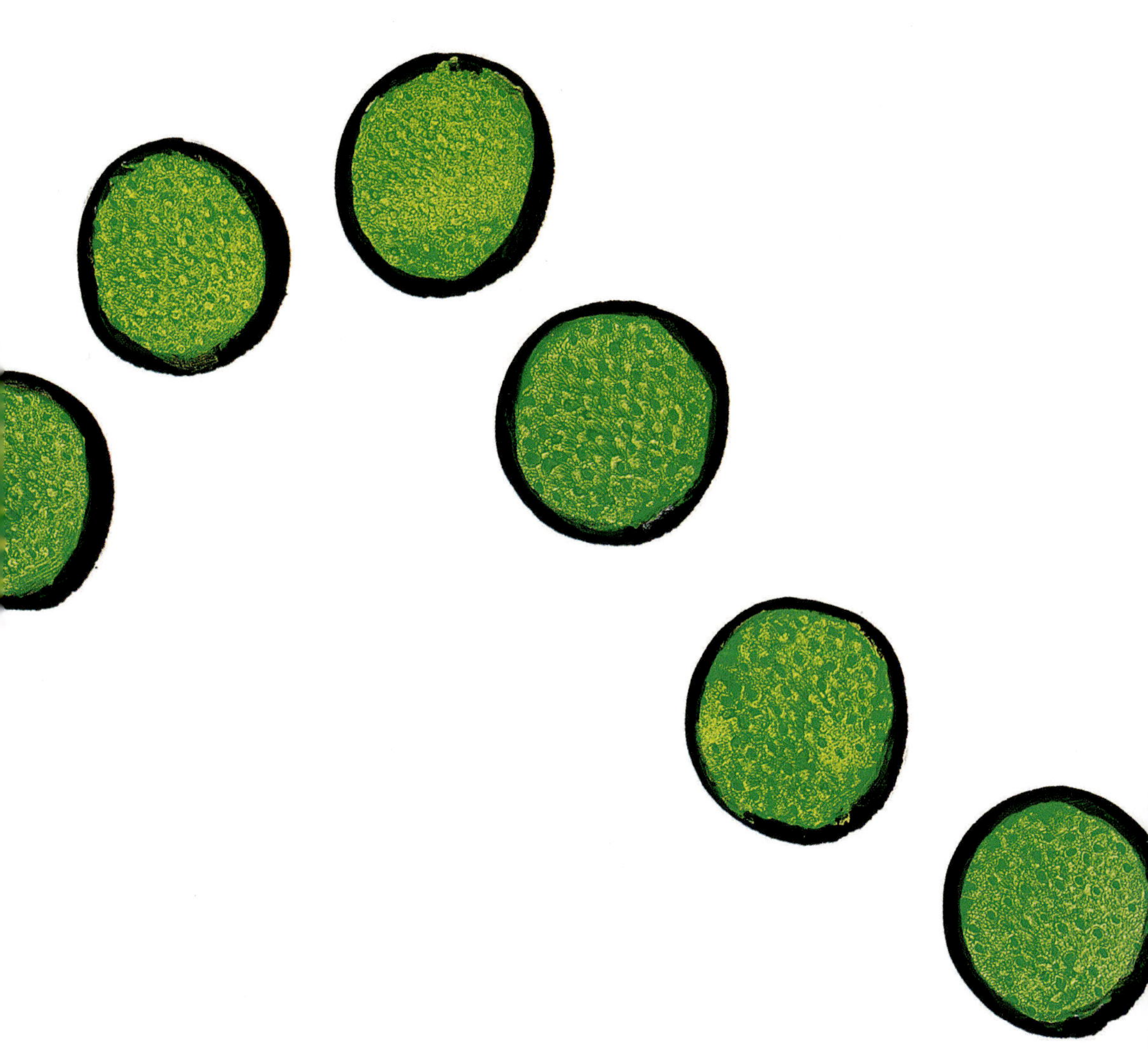

远不要搞错

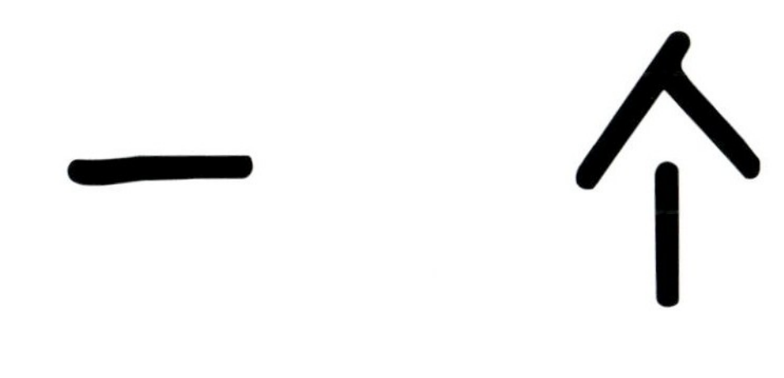

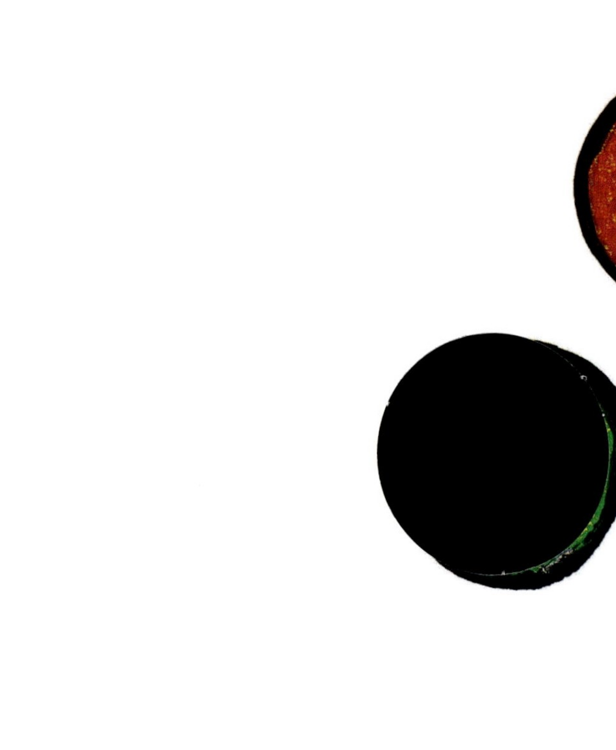

和

最后一

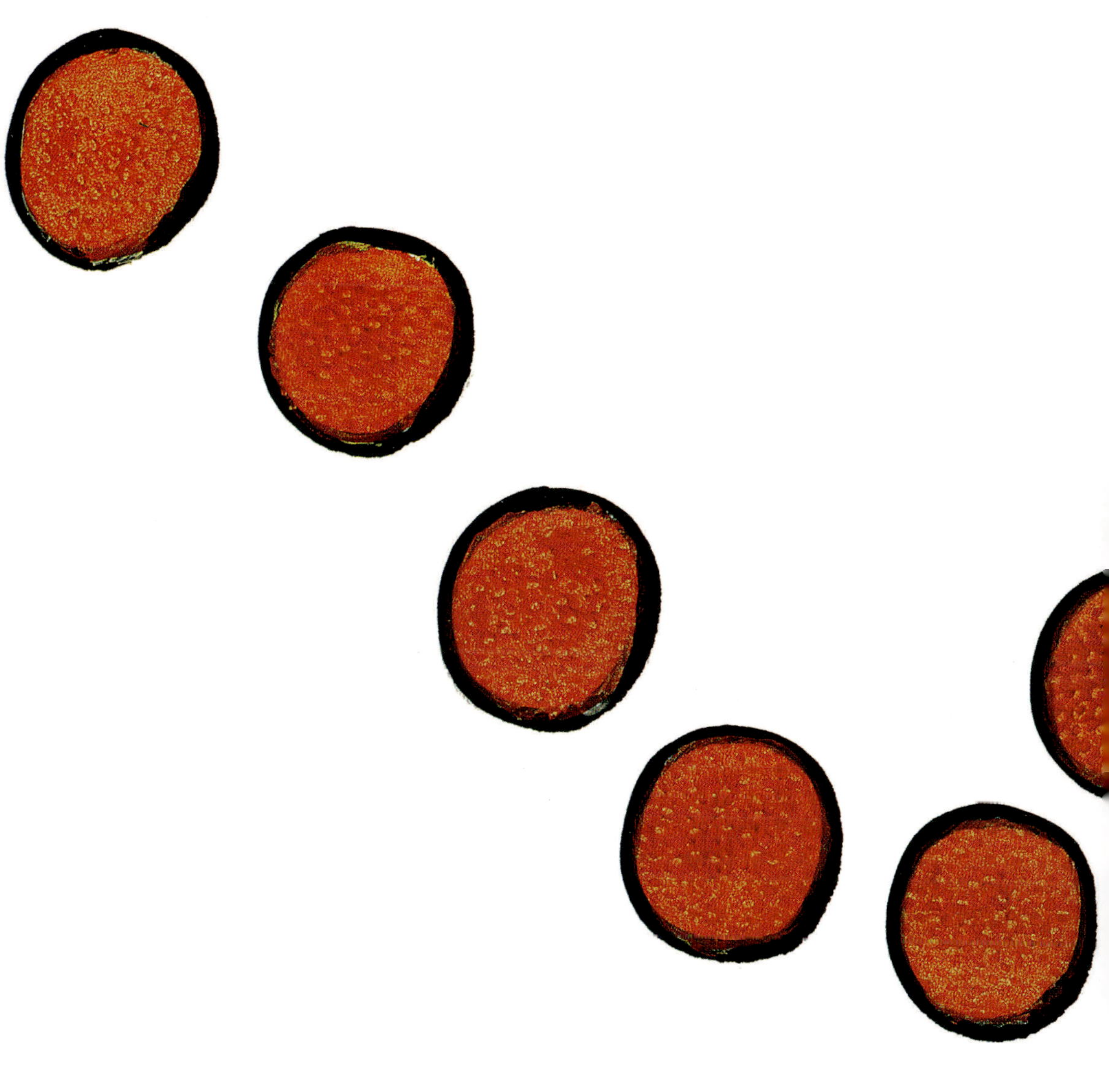

永远永远不要搞错
搞错

和
不会搞错

轮 到 你 来 玩

“永远永远不要搞错”的游戏了

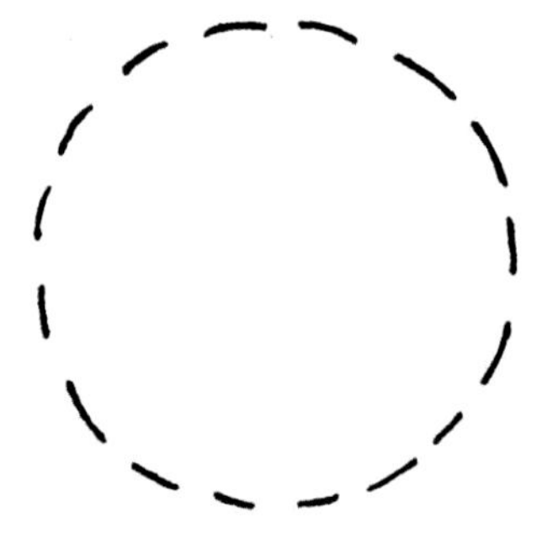

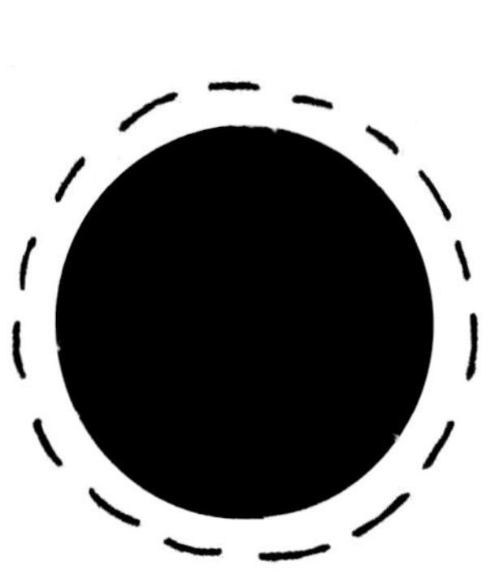

如果……

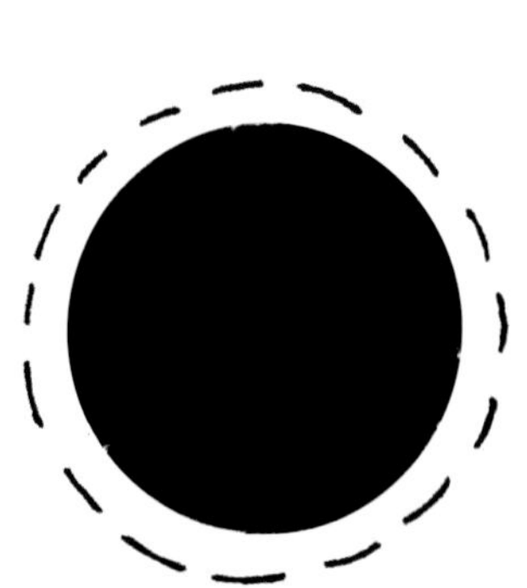

你也会画反义词，赶紧寄一

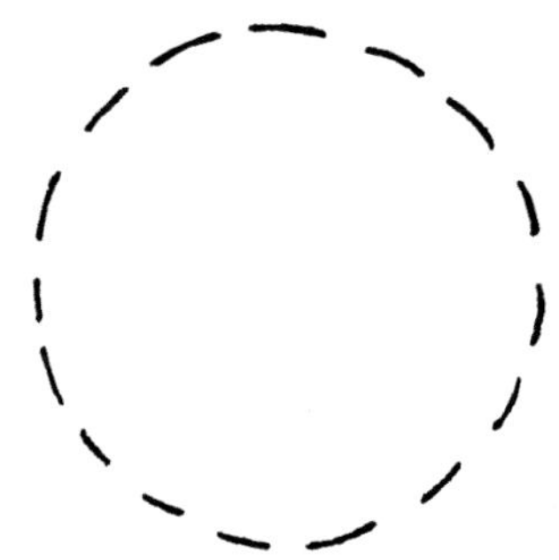

qingdou@2008.sina.com

欧洲童书大师用艺术为孩子启蒙

埃尔维·杜莱作品同步推出

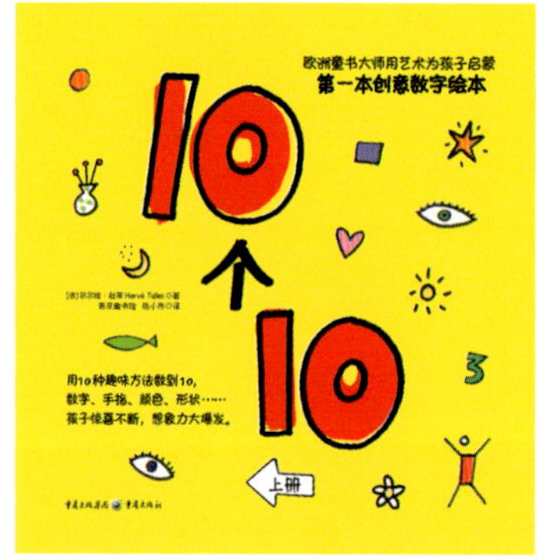

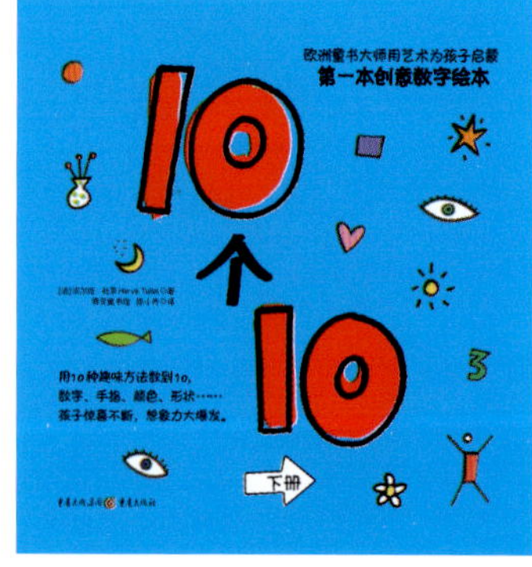

魔法师
杜噜嘟嘟
我来给你讲一个故事！

魔法师
杜噜嘟嘟
无敌大冒险！

魔法师
杜噜嘟嘟
神奇的故事又来啦！

魔法师
杜噜嘟嘟
太神奇啦！

青豆书坊　荣誉出品

版贸核渝字（2014）第 130 号

图书在版编目（CIP）数据

哈！永远永远不要搞错！/（法）杜莱著；陈小齐译．— 重庆：重庆出版社，2014.6
ISBN 978-7-229-08185-0

Ⅰ. ①哈… Ⅱ. ①杜… ②陈… Ⅲ. ①英语课—学前教育—教学参考资料 Ⅳ. ① G613.2

中国版本图书馆 CIP 数据核字（2014）第 129850 号

哈！永远永远不要搞错！
HA! YONG YUAN YONG YUAN BU YAO GAO CUO!
［法］埃尔维·杜莱 著　　陈小齐 译

责任编辑：孙曙　叶子

重庆出版集团
重 庆 出 版 社　出版

重庆市南岸区南滨路 162 号 1 幢　邮政编码：400016　http://www.cqph.com
鹤山雅图仕印刷有限公司印刷　青豆书坊（北京）文化发展有限公司发行
Email: qingdou@qdbooks.cn　邮购电话：010-84675367

全国新华书店经销

开本：710mm × 1000mm　印张：9.25　字数：200 字　插图：132 幅　2014 年 7 月第 1 版　2023 年 8 月第 7 次印刷
ISBN 978-7-229-08185-0

定价：69.80 元

如有印装质量问题，请向青豆书坊（北京）文化发展有限公司调换，010-84675367

杜莱简介：

埃尔维·杜莱（Hervé Tullet），1958年出生于法国诺曼底，享誉世界的欧洲童书大师，被大家亲切地称为“童书绘本王子”。

1994年，杜莱的童书首次出版，并大获成功。从此他的创意天赋一发不可收拾，陆续出版童书60余种，并斩获欧洲乃至全世界一系列最重要的童书奖项，包括“博洛尼亚国际童书节非小说类大奖”、“儿童文学小人书奖最高荣誉”、“女巫奖”、“蒙特勒伊童书节金砖奖”。这些作品和奖项奠定了埃尔维·杜莱在当代儿童绘本世界的重要地位。

杜莱的绘本充满了创意与艺术性。他的作品被翻译成27种语言，深得父母和孩子喜爱。

杜莱和孩子们在一起